Manuel Filho

Cacilda Becker
VIDA NO PALCO

Ilustrações
Bill B...

PAULUS

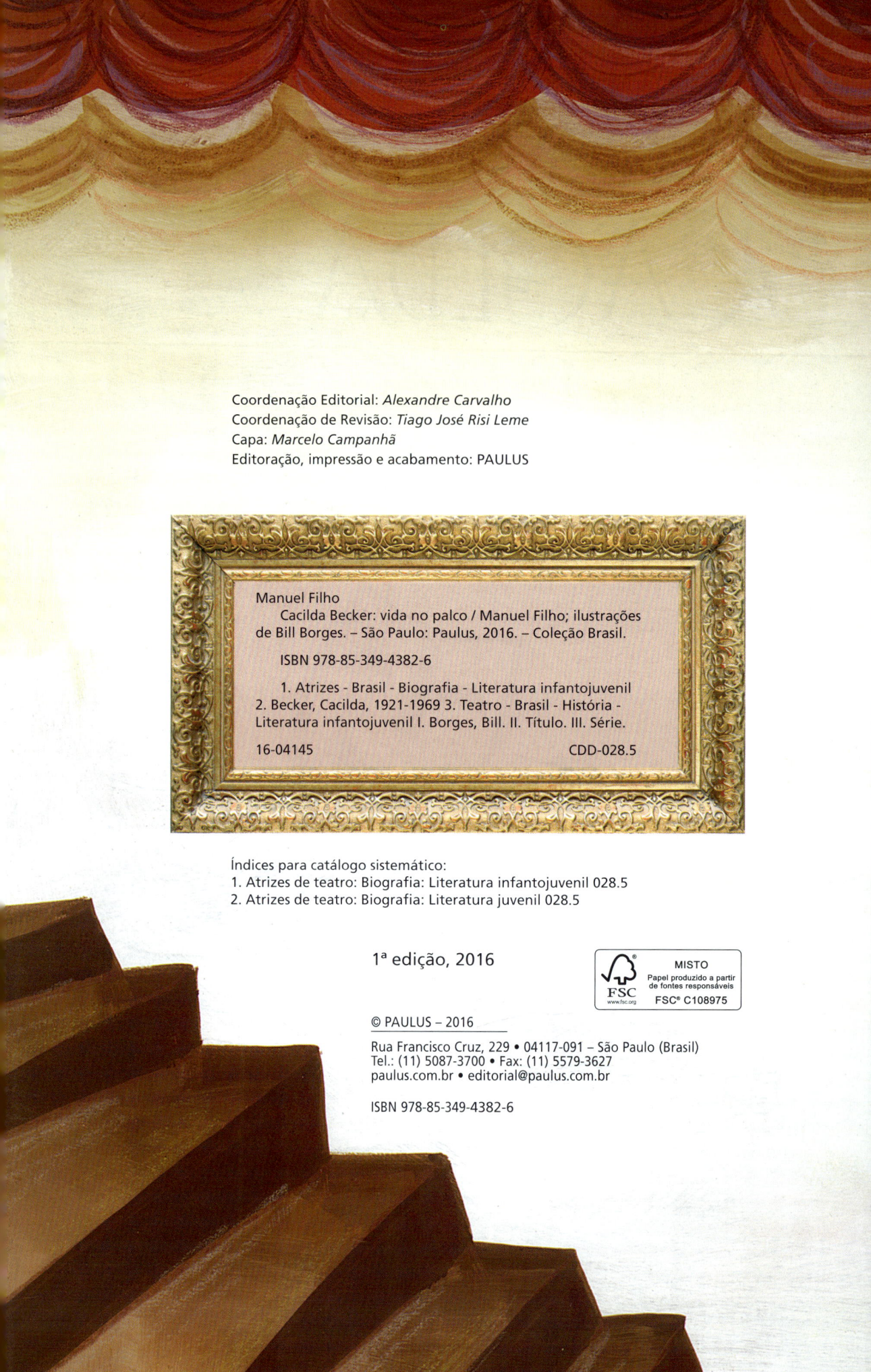

Coordenação Editorial: *Alexandre Carvalho*
Coordenação de Revisão: *Tiago José Risi Leme*
Capa: *Marcelo Campanhã*
Editoração, impressão e acabamento: PAULUS

Manuel Filho
    Cacilda Becker: vida no palco / Manuel Filho; ilustrações de Bill Borges. – São Paulo: Paulus, 2016. – Coleção Brasil.
        ISBN 978-85-349-4382-6
        1. Atrizes - Brasil - Biografia - Literatura infantojuvenil 2. Becker, Cacilda, 1921-1969 3. Teatro - Brasil - História - Literatura infantojuvenil I. Borges, Bill. II. Título. III. Série.
16-04145   CDD-028.5

Índices para catálogo sistemático:
1. Atrizes de teatro: Biografia: Literatura infantojuvenil 028.5
2. Atrizes de teatro: Biografia: Literatura juvenil 028.5

1ª edição, 2016

FSC MISTO
Papel produzido a partir de fontes responsáveis
FSC® C108975

© PAULUS – 2016
Rua Francisco Cruz, 229 • 04117-091 – São Paulo (Brasil)
Tel.: (11) 5087-3700 • Fax: (11) 5579-3627
paulus.com.br • editorial@paulus.com.br

ISBN 978-85-349-4382-6

Para o amigo
LEOPOLDO,
que me contou
belas histórias teatrais.

Oi, eu sou o Ponto e estou aqui para apresentar uma história bastante bonita.
Ah... Só um momento, antes de abrir as cortinas...
Você deve ter achado que alguma coisa está errada.
Ponto? Como assim?
Por acaso seria um ponto final ou de interrogação?
Não, não é nada disso, mas é melhor dar logo essa explicação, assim, já começo a revelar alguns dos segredos do teatro.
Antigamente, os atores não precisavam decorar o texto. Havia um pequeno nicho, bem à beira do palco, onde uma pessoa, o Ponto, costumava ficar, acompanhando a peça com muita atenção. O que ele fazia, afinal de contas? Seguia o texto e, quando o ator precisava, soprava a fala a ser dita, bem baixinho.
E eu fui um Ponto muito feliz, pois vi nascer uma das maiores atrizes brasileira, e olha, já acompanhei diversas delas. Entretanto, nenhuma atingiu o brilho ou demonstrou a dedicação dessa estrela que, embora tenha passado tão rapidamente pelos nossos palcos, deixou sua marca e se transformou em um mito.
   Estou falando de Cacilda Becker.
      Então, vou contar a história como se fosse uma peça de teatro, que pode ter vários atos e, em cada um deles, muitas cenas.
        Agora, silêncio, vai dar o terceiro sinal e... que comece o espetáculo!

Primeiro Ato

Cena 1

Nasceram Cacilda Becker!
Acho que essa seria a melhor forma de anunciar o nascimento de nossa grande atriz, afinal, ninguém sabia ainda, mas quando aquela garota nasceu na cidade de Pirassununga, interior de São Paulo, em 6 de abril de 1921, o mundo não tinha ganho uma só pessoa, mas várias.

Ela iria interpretar os mais diferentes personagens, deixando-os para sempre na memória do nosso teatro.
Porém, o caminho não seria nada fácil.
A menina foi a primeira filha do casal Alzira Becker e Edmundo Iaconis. O pai dela era caixeiro-viajante e costumava ficar pouco tempo com a família. Sempre estava viajando a trabalho. Ao conhecer aquele que viria a ser o seu futuro esposo, Alzira tinha acabado de se tornar professora. Sonhava em assumir sua carreira, porém, após o casamento, foi proibida de trabalhar pelo marido, o que a deixou bastante infeliz.
No ano seguinte, nasceu a primeira irmã de Cacilda Becker, Dirce. O sr. Edmundo ficou insatisfeito, pois desejava um menino. Quando ele viajava, não costumava deixar dinheiro ou provisões com a família, causando, assim, muita dificuldade para Alzira e as filhas. A alegria, entretanto, permanecia.
Um gramofone movido a manivela tocou as primeiras canções que embalaram as danças da pequena Cacilda. Sua mãe ensinou-a a dançar e a garota se apaixonou por essa arte desde cedo. Passou a acreditar que seria bailarina, inventava gestos e usava as roupas da mãe nas coreografias.

Cena II

Em 1923, nasceu a última irmã de Cacilda, Cleyde. O pai, novamente desgostoso por não ter um menino, afastou-se ainda mais. Raramente trazia algum mantimento para casa.

Cacilda e sua família fariam várias mudanças e uma das primeiras e mais importantes aconteceu em 1927, quando foram morar em São Paulo (SP). Porém, as coisas não melhoraram. O pai permanecia viajando deixando-as sem recursos. As garotas, então, praticavam pequenos roubos de cenouras e batatas pelas chácaras da vizinhança.

Certo dia, o pai decidiu ir embora de uma vez por todas e Alzira foi forçada a retornar a Pirassununga com as filhas. Ela ficou numa situação difícil, pois não era aceitável que uma mulher pudesse viver sem o marido.

Entretanto, em meio a tantos problemas, algo especial aconteceu. Sete meses depois do retorno à cidade, Cacilda subiria pela primeira vez em um palco. Ela dançou no

Festival da Escola de Instrução Militar. Sua apresentação se chamou A MORTE DA BORBOLETA.

Alzira, finalmente, conseguiu realizar o seu sonho. Tornou-se professora na cidade de São Simão (SP) e nova mudança ocorreu. Foram viver em uma antiga fazenda de café e tiveram contato com a colônia japonesa, conhecendo canções e diferentes hábitos culturais. Alzira tinha poucos alunos, as filhas entre eles, e exigia delas o melhor desempenho, pois julgava que precisavam dar o exemplo.

Foi um tempo feliz para Cacilda e as irmãs, pois se divertiam com as demais crianças. Nossa futura atriz era praticamente um moleque trepando em árvores e correndo atrás de animais. Porém, aos poucos, começou a se sentir responsável pelo bem-estar de sua família. Quando se descobriu impossibilitada de continuar seus estudos naquele lugar, fez a mãe prometer que buscaria um lugar em que fosse possível prosseguir com a educação.

Cena III

A promessa foi cumprida e sua mãe obteve uma transferência como professora para a cidade de Santos (SP). Porém, a vida financeira não melhorou. Foram habitar um casebre de madeira cheio de buracos, do chão ao teto. Os móveis eram feitos de caixotes e não podiam ser movidos de lugar, sob o risco de afundarem nas saliências disfarçadas por tapetes improvisados. Um pé de maracujá crescia aos poucos e iria cobrir os furos do telhado. As irmãs fizeram novos amigos rapidamente. Cacilda conheceu Dona Violante, que possuía um piano em casa e até lhe ministrou algumas aulas. Sem dinheiro, as meninas descobriram um novo meio a fim de arranjar comida. Pediam no comércio local amostras de arroz e feijão e, no fim do dia, contavam com meio quilo dos alimentos para o jantar.
Cacilda continuava dançando. O desejo por se tornar bailarina crescia cada vez mais e, certo dia, algo incrível aconteceu. Alzira, estimulando o talento da filha, alugou, com muita dificuldade, um piano, e Cacilda começou a preparar um número para apresentar nas festas de fim de ano da escola.

E não deu outra, o primeiro sucesso: a DANÇA RITUAL DO FOGO. Foi tão bonita, que a escola concedeu a ela e a suas irmãs bolsa integral para todo o curso. A apresentação tinha uma característica curiosa: Cacilda subia uma escada, dançando, e, em seguida, rolava abaixo, se machucando, inclusive. Já era um prenúncio de toda a dedicação que teria com a carreira no futuro.

Assim, graças ao seu talento, pôde prosseguir em um colégio particular, mesmo sem cadernos, livros ou uniformes novos. Teve contato com professores que lhe apresentaram o mundo. Quando a garota descobriu que existira a famosa bailarina Isadora Duncan, encantou-se, pois concluiu ser possível viver de uma profissão tão bela. Ela passou a dançar ainda mais, pela praia, pelos rochedos, onde fosse possível, sempre criando coreografias intuitivas sem nenhum aprendizado formal.

Então, sua vida já estava decidida: seria uma grande bailarina!

Cena I

O amor pela arte já estava estabelecido. Cacilda dançava intensamente atraindo mais e mais admiradores. Pessoas iam à sua casa a fim de conhecê-la, conversar e assisti-la. Os dias começaram a se tornar felizes.

Seus amigos eram vários, um deles, fotógrafo, sempre a convidava a posar e, graças a isso, teve as primeiras fotos publicadas em grandes revistas.

E, assim, sua vida caminhava para uma importante mudança. Um jovem advogado, Miroel Silveira, de família tradicional e com intenções de se tornar jornalista, a viu, certa vez, naquela apresentação em que ela rolava escada abaixo.

Ele ficou absolutamente impressionado e teve a certeza de que estava diante de um talento natural, genuíno. Assim, passou a levá-la aos salões de pessoas importantes, capazes de alavancá-la na carreira. Acabou organizando um evento para apresentá-la à alta sociedade. Porém, muito nervosa, a performance se mostrou um fiasco deixando Cacilda profundamente abalada.

Miroel não desistiu, pois acreditava no talento daquela moça de aparência tão frágil e magra, mas que se tornava um gigante ao se expressar artisticamente.

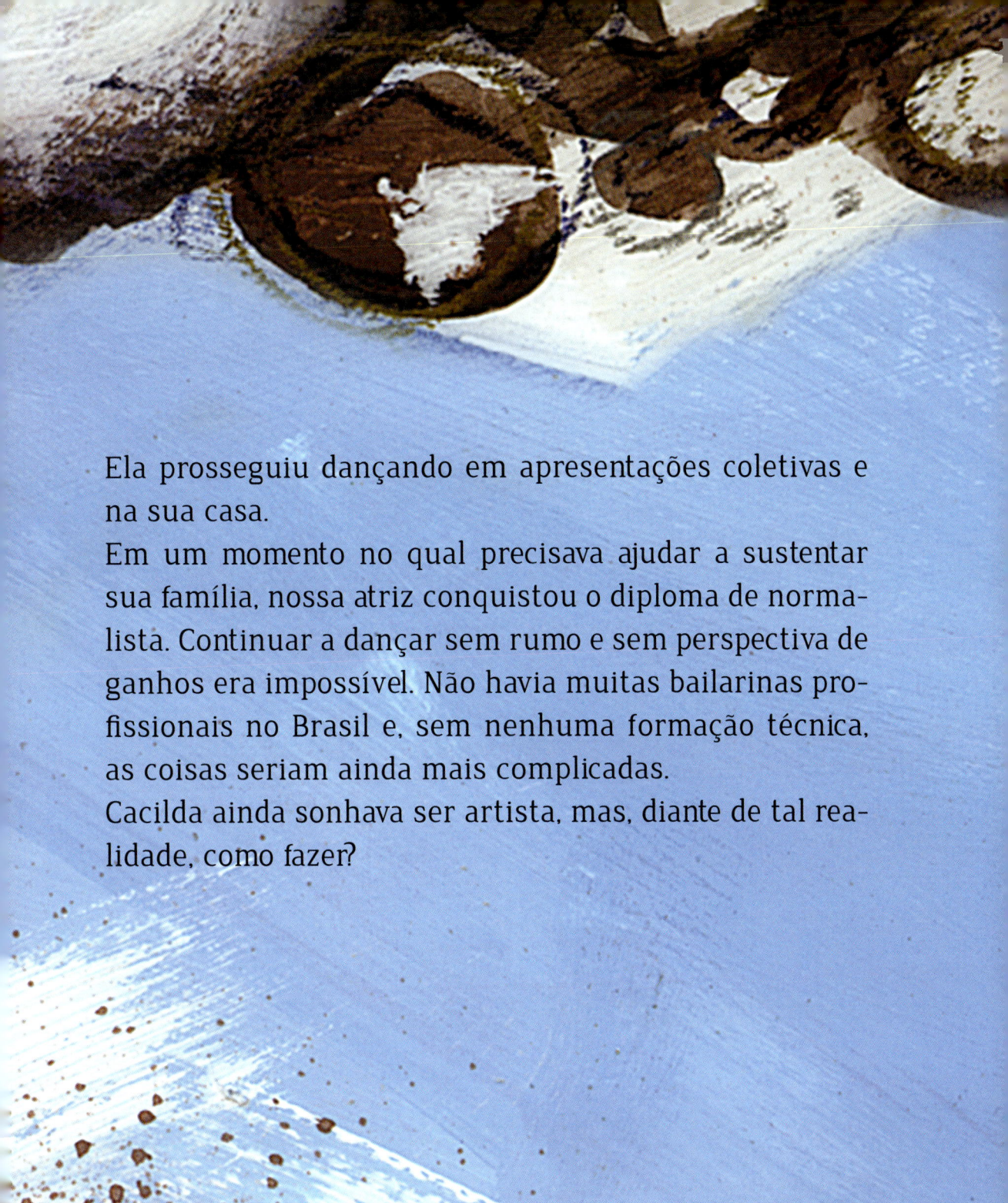

Ela prosseguiu dançando em apresentações coletivas e na sua casa.

Em um momento no qual precisava ajudar a sustentar sua família, nossa atriz conquistou o diploma de normalista. Continuar a dançar sem rumo e sem perspectiva de ganhos era impossível. Não havia muitas bailarinas profissionais no Brasil e, sem nenhuma formação técnica, as coisas seriam ainda mais complicadas.

Cacilda ainda sonhava ser artista, mas, diante de tal realidade, como fazer?

Cena II

Cacilda nunca tinha assistido a uma peça de teatro e não fazia ideia do que fosse, mesmo assim, Miroel teve uma ideia bastante ousada: tentaria uma oportunidade para a amiga e protegida ir trabalhar no Rio de Janeiro como atriz.

Parecia ser uma maluquice total. Naquela época, o Rio de Janeiro ainda era a capital do Brasil e era lá onde o teatro acontecia em sua plenitude. Várias companhias apresentavam espetáculos de sucesso. Não se acreditava que outras cidades pudessem, jamais, competir com as peças da capital, portanto, qualquer um pretendendo ser ator profissional deveria se mudar para lá.

Miroel entrou em contato com uma amiga carioca, que estava selecionando atores para uma nova peça, 3.200 METROS DE ALTITUDE, e pediu que ela testasse a jovem Cacilda. A mulher se mostrou reticente, porém, acabou concordando.

Cacilda encheu-se de coragem e partiu sozinha rumo ao Rio de Janeiro, cheia de disposição, mas com o futuro incerto.

O teatro, então, era completamente diferente do atual. Eu mesmo, o Ponto, tinha muito trabalho. Os atores nunca recebiam o texto completo, apenas as páginas com as frases que iriam pronunciar. Assim, o ator jamais sabia a totalidade do espetáculo até o momento da apresentação. Outro aspecto curioso: atores deveriam comprar as próprias roupas. Ou seja, se você não pudesse adquirir um figurino bastante elegante, jamais interpretaria um personagem rico, por exemplo. Quanto mais roupas as atrizes possuíssem, maiores as chances de trabalho. No cenário, raramente existia algum móvel. Não havia a figura do diretor; quem fazia as marcações de cena eram os atores mais experientes ou um mero ensaiador. Os grandes nomes da época eram Leopoldo Fróes, Procópio Ferreira e Dulcina de Moraes.

A companhia carioca para a qual Cacilda partiu se chamava TEB, Teatro do Estudante do Brasil, e quem a testou foi a escritora Maria Jacintha, que se encantou com a força daquela moça tão jovem.

Aceita no grupo, começou a ensaiar. Frequentemente remetia cartas para a família relatando sobre a felicidade de pisar no palco recebendo uma pequena ajuda de custo. Isso, na verdade, gerava outro problema, pois uma moça contratada pelo teatro era muito mal vista na sociedade. Mesmo assim, Cacilda desejava vencer profissionalmente. O espetáculo, enfim, estreou e o personagem de Cacilda se chamava Zizi. Na plateia estavam sua irmã Dirce e o amigo Miroel. Todos torcendo por ela. A crítica acabou ressaltando o seu talento, beleza e presença de palco. Po-

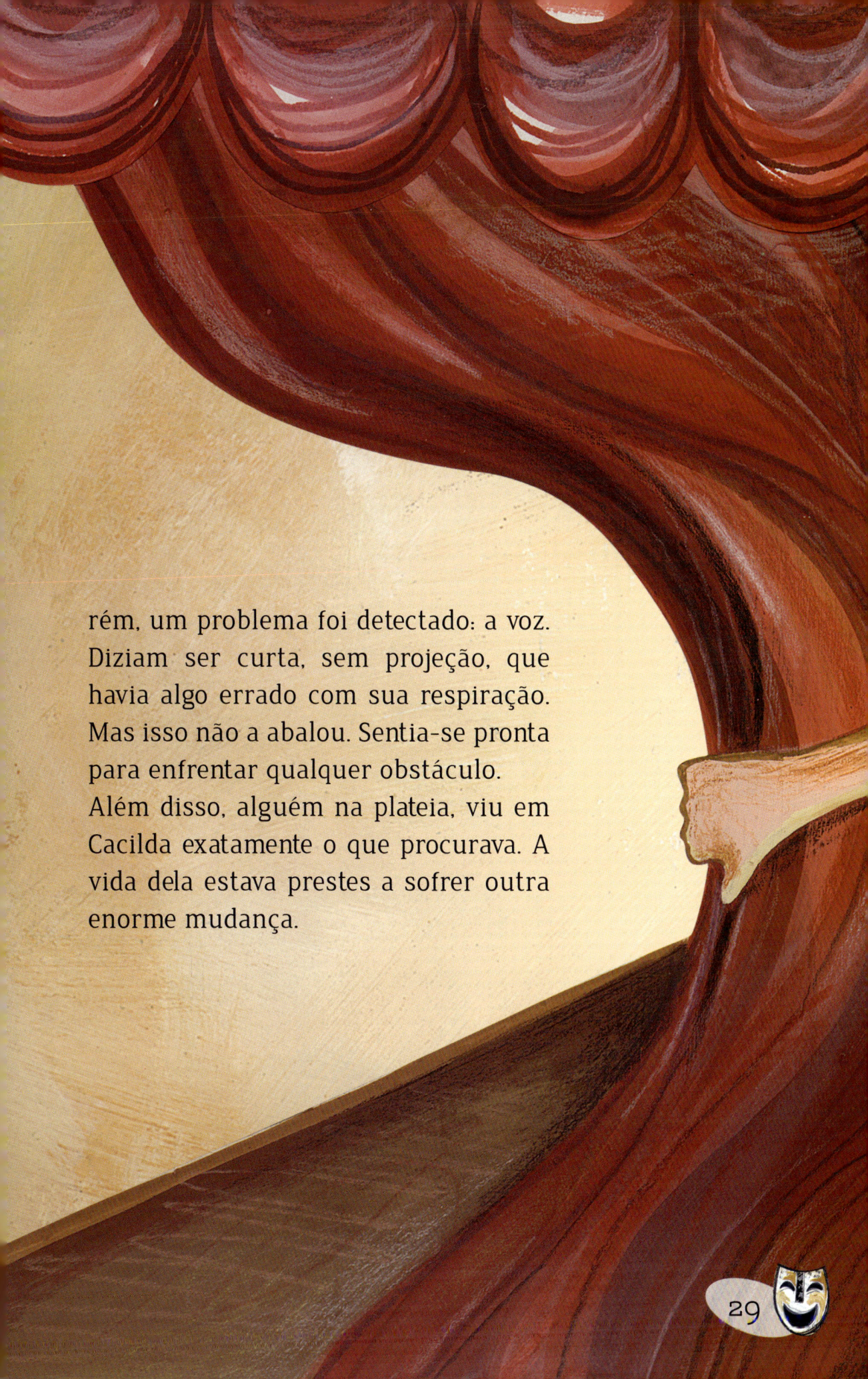

rém, um problema foi detectado: a voz. Diziam ser curta, sem projeção, que havia algo errado com sua respiração. Mas isso não a abalou. Sentia-se pronta para enfrentar qualquer obstáculo.
Além disso, alguém na plateia, viu em Cacilda exatamente o que procurava. A vida dela estava prestes a sofrer outra enorme mudança.

Cena III

Deixe-me agora lhe contar uma coisa. Antigamente, o teatro era realmente diferente do atual. Não interessava o talento, bastava se parecer com o personagem desejado e, pronto, estava contratado.

Cacilda foi vista em sua primeira atuação pelo ator Raul Roulien e ele a considerou perfeita para o seu próximo espetáculo. Ele possuía uma companhia e já havia trabalhado até em Hollywood. Quando convidou nossa jovem atriz para um papel, ela aceitou. Sabia que iria receber salário e teria trabalho fixo por um bom tempo.

Na nova companhia, Cacilda percebeu algumas mudanças importantes no palco. Os cenários pintados perderam um pouco da importância e existiam móveis de verdade em cena, frequentemente emprestados por lojas que aproveitavam a publicidade. O figurino, entretanto, continuava a cargo dos atores. A iluminação permanecia muito simples, como sempre. Bastava acender os holofotes e pronto, tudo igualmente iluminado, sem qualquer destaque.

O fato é que Cacilda já se fazia notar. Mesmo num pequeno papel, as pessoas percebiam algo diferente, um talento vibrante, contido, que apenas precisava de uma grande chance para despontar.

Após a temporada no Rio, a peça seguiu a São Paulo, momento no qual um jovem foi ao camarim dela a fim de obter uma entrevista exclusiva. Seu nome era Tito Fleury, filho de comerciantes, locutor de rádio e, aos olhos de Cacilda, um homem bastante bonito.

Começaram a namorar e iriam trabalhar juntos durante vários anos.

A companhia de Raul Roulien, entretanto, não conseguia emplacar um novo sucesso e surgiram problemas. Naquele período, as peças não ficavam muito tempo em cartaz; o público sempre exigia novidades. O jeito era viajar, levando o espetáculo para outros lugares, mas isso era imensamente cansativo.

Finalmente, entre viagens, longos ensaios, alegrias e tristezas, Cacilda conseguiu pegar um texto completo pela primeira vez e ficou encantada. Percebeu como era importante conhecer inteiramente o conteúdo de uma peça a fim de construir seu personagem, ao invés de somente receber as páginas com as falas que precisava dizer.

Por fim, a companhia de Raul Roulien acabou se dissolvendo e Cacilda retornou a Santos.

Cena IV

Cacilda acabou indo trabalhar em uma empresa de seguros, porém, foi despedida por "incapacidade para o cargo". A cabeça dela estava mesmo em outro lugar, no teatro.

Foi seu namorado quem lhe obteve um emprego em uma estação de Rádio em São Paulo, e, desde então, passaram a ser colegas de profissão. Não demorou e ela logo começou a trabalhar como radioatriz. Antigamente, havia diversos programas no rádio onde os atores representam ao vivo as novelas. Uma das mais famosas de todos os tempos foi O DIREITO DE NASCER, que emocionou todo o país.

Finalmente, depois de um bom tempo afastada, Cacilda conseguiu retornar aos palcos com o GUT – Grupo Universitário de Teatro –, que teve como um de seus fundadores aquele que seria um dos maiores críticos de teatro do Brasil e grande amigo de nossa atriz, Décio de Almeida Prado.

No elenco da peça, O IRMÃO DAS ALMAS, do autor Martins Pena, ela atuava com o namorado e cuidava de tudo para que ele se saísse bem no palco. Cacilda, além de já ir se mostrando uma

excelente profissional, também se revelava generosa com os amigos.

Nesse novo grupo, Cacilda se destacou no papel de Brízida Vaz, da peça O AUTO DA BARCA DO INFERNO, de Gil Vicente, e chegou a se apresentar com grande sucesso no Teatro Municipal de São Paulo.

Mas o teatro ainda não lhe permitia ganhar dinheiro o suficiente. Permaneceu trabalhando no rádio como locutora e radioatriz. Logo surgiu outra oportunidade para o retorno aos palcos quando ela e Tito foram contratados pela companhia de Bibi Ferreira, do Rio de Janeiro. Bibi era filha do grande ator Procópio Ferreira. A experiência, porém, não durou e logo o jovem casal se viu com problemas financeiros. Retornaram a São Paulo, ao trabalho no Rádio e às peças do GUT.

Os últimos acontecimentos poderiam sugerir uma derrota, mas, em breve, nossa atriz, iria encontrar o espaço para desenvolver todo o seu talento.

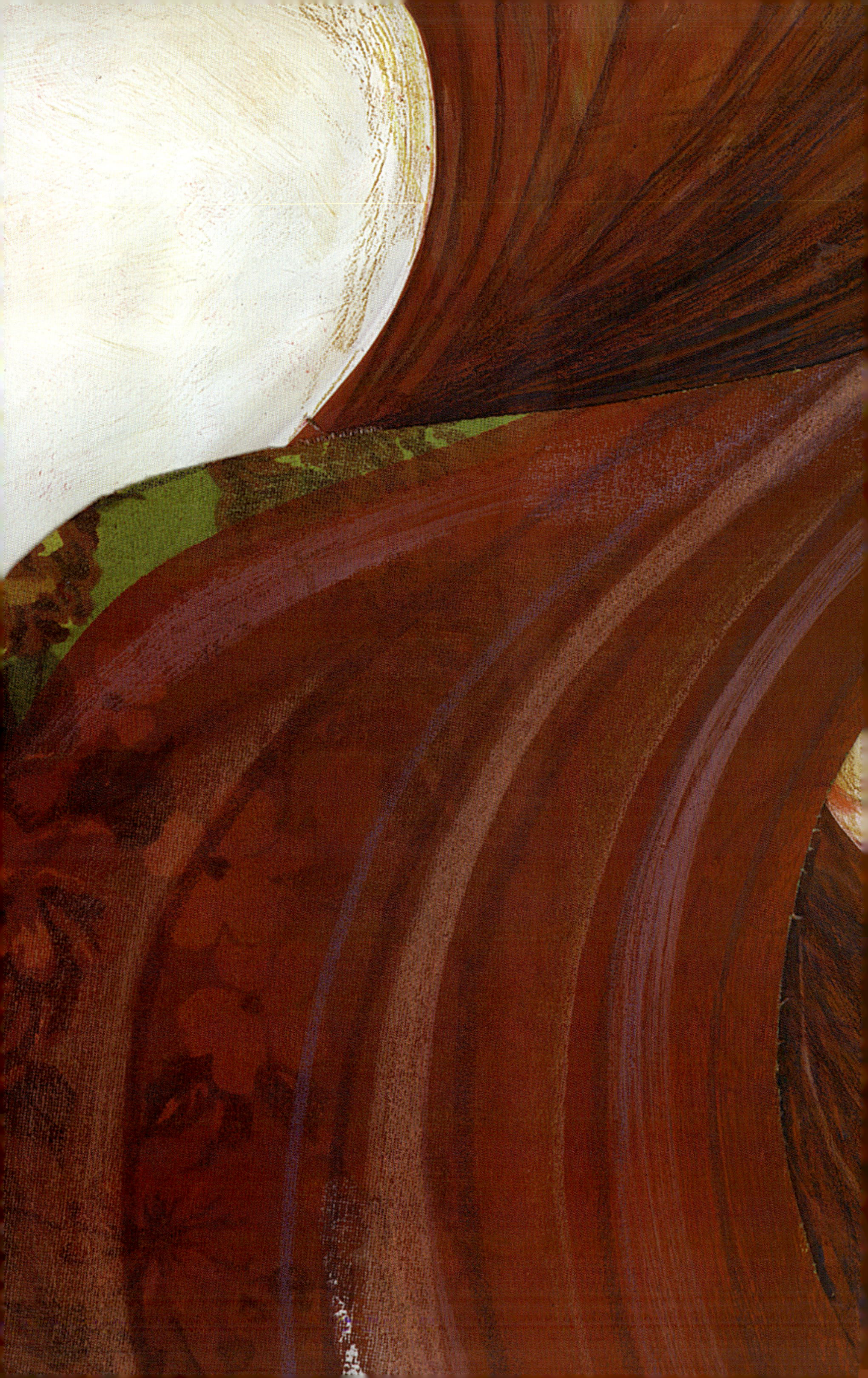

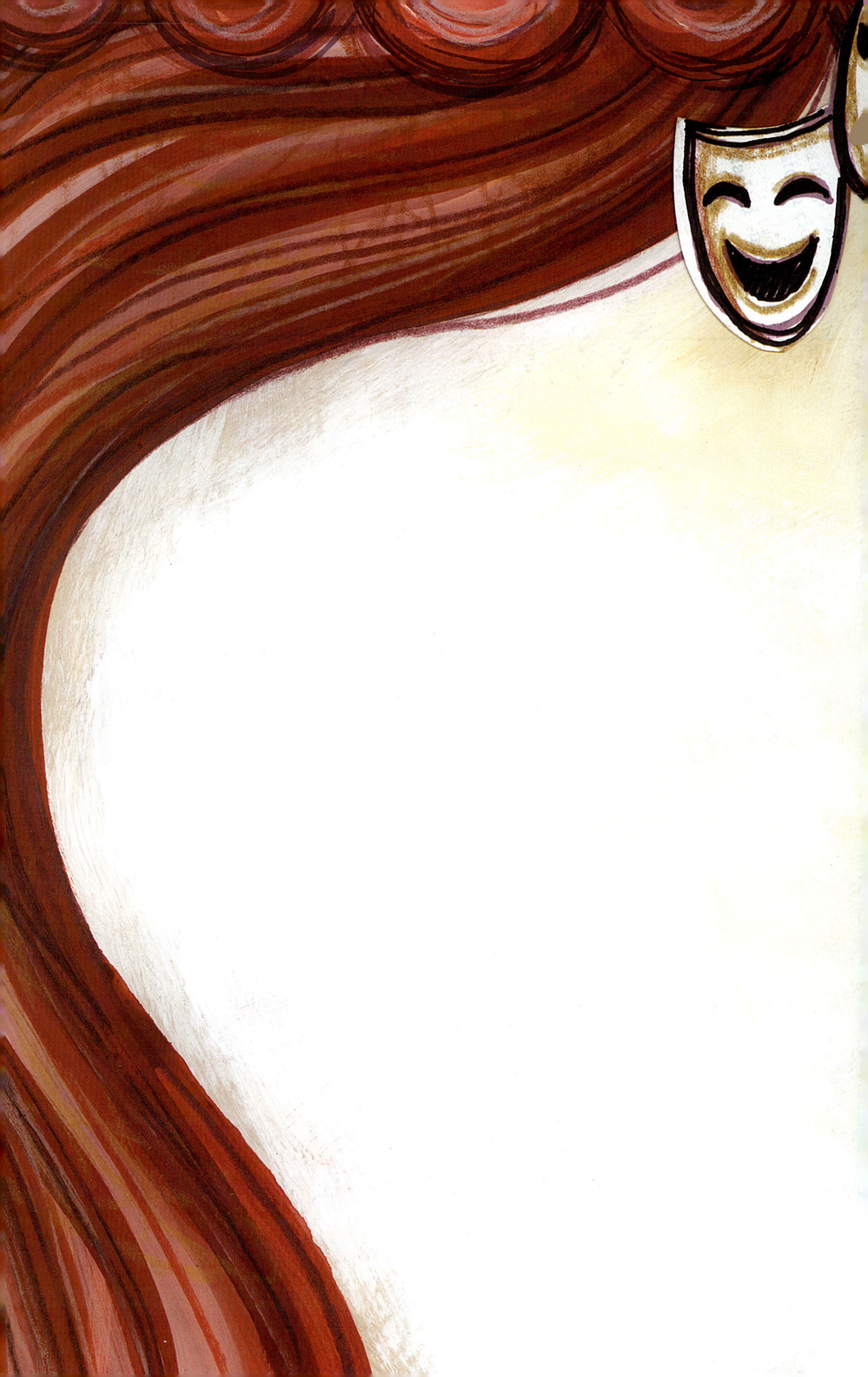

Terceiro Ato

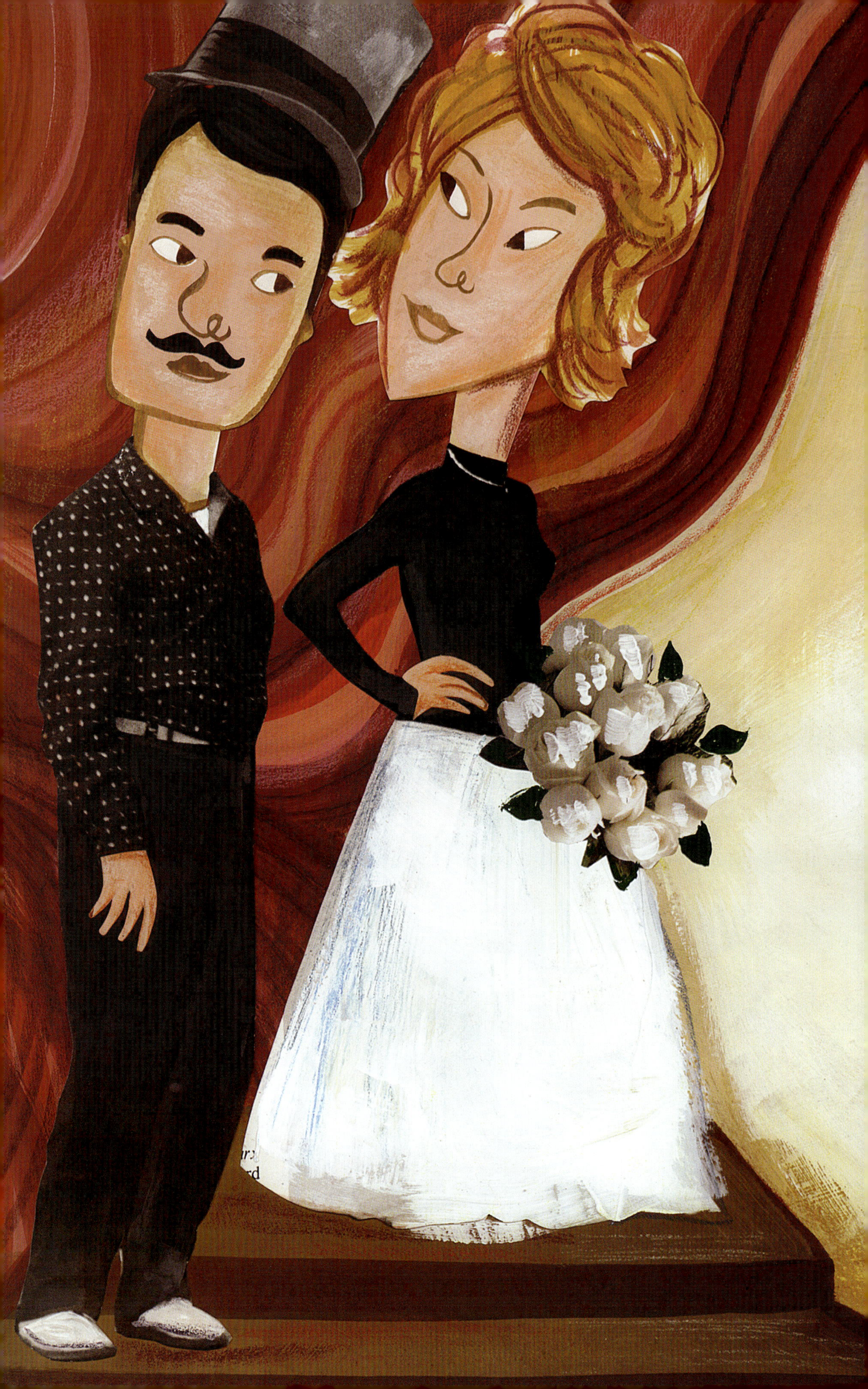

Cena 1

Outro grupo amador havia nascido em São Paulo, o GTE, Grupo de Teatro Experimental, formado pela elite, que desejava apenas se divertir. As reuniões aconteciam na elegante Livraria Jaraguá, no centro da cidade, de propriedade de Alfredo Mesquita, entusiasta e dramaturgo. Não havia muitos teatros e era uma grande dificuldade encontrar espaço para se apresentar.

Finalmente entra em cena uma das pessoas mais importantes ao desenvolvimento do teatro e do cinema no Brasil: Franco Zampari, um alto executivo das milionárias empresas Matarazzo, muito bem relacionado e influente. Tornou-se entusiasmado pelo teatro paulista e colocou todos os seus esforços a fim de melhorar a vida dos artistas amadores.

Enquanto isso, Cacilda recebeu um convite inesperado: atuar em um filme, LUZ DOS MEUS OLHOS, ao lado de um dos maiores atores de todos os tempos: Grande Otelo. A produção seria da Atlântida, empresa que criou vários sucessos cinematográficos daquela época: as Chanchadas.

Novamente, ela e Tito retornaram ao Rio; Cacilda estava contente, mas aconteceram diversos problemas e todos os tipos de atrasos durante as filmagens. Voltou a escrever cartas para a família contando que era muito respeitada no *set*. O filme, porém, não teve nenhum sucesso e nossa atriz foi amplamente criticada. Chegaram a dizer que ela era magra demais e que sua voz não se prestava ao cinema.

Naquele momento, ainda ecoava pelo Rio de Janeiro o sucesso da montagem da peça VESTIDO DE NOIVA, de Nelson Rodrigues, com direção do polonês recém-imigrado Ziembinski. Esta encenação mudou completamente a maneira como se montavam peças no Brasil. A iluminação deixou de ter apenas a função de "mostrar" os atores e ganhou um efeito dramático dentro do espetáculo, ressaltando aspectos e mudando de lugar como a vemos hoje em dia. Essa peça iria ser remontada e apresentada em São Paulo pelo mesmo grupo que a criou da primeira vez, OS COMEDIANTES, e acabaram chamando Cacilda para um importante papel, Lúcia, "a mulher do véu".

Agora, infelizmente, preciso dizer que perdi de vez o meu emprego. O diretor Ziembinski não admitia Ponto, de jeito nenhum; os atores precisavam decorar o texto e o recebiam inteiramente para estudá-lo e discuti-lo. Bem, quando contratavam algum ator mais velhinho, ainda me chamavam de volta.

Mas, algo importante aconteceu no novo retorno de Tito Fleury e Cacilda Becker a São Paulo.

Eles se casaram!

Ambos continuaram trabalhando em teatro, com idas e vindas ao Rio, porém, o sucesso e a estabilidade nunca vinham. Como não havia uma equipe estável em São Paulo e Cacilda acreditava que uma atriz só poderia fazer carreira no Rio, considerou viver em São Paulo de uma vez por todas e ser exclusivamente esposa e dona de casa.

O casal foi morar na casa dos pais de Tito e ela resolveu tentar uma vaga no curso de direito.

Parecia o fim, afinal, o que poderia acontecer para que ela viesse a se tornar a maior atriz do teatro brasileiro, um verdadeiro mito?

Conto já. Na próxima cena.

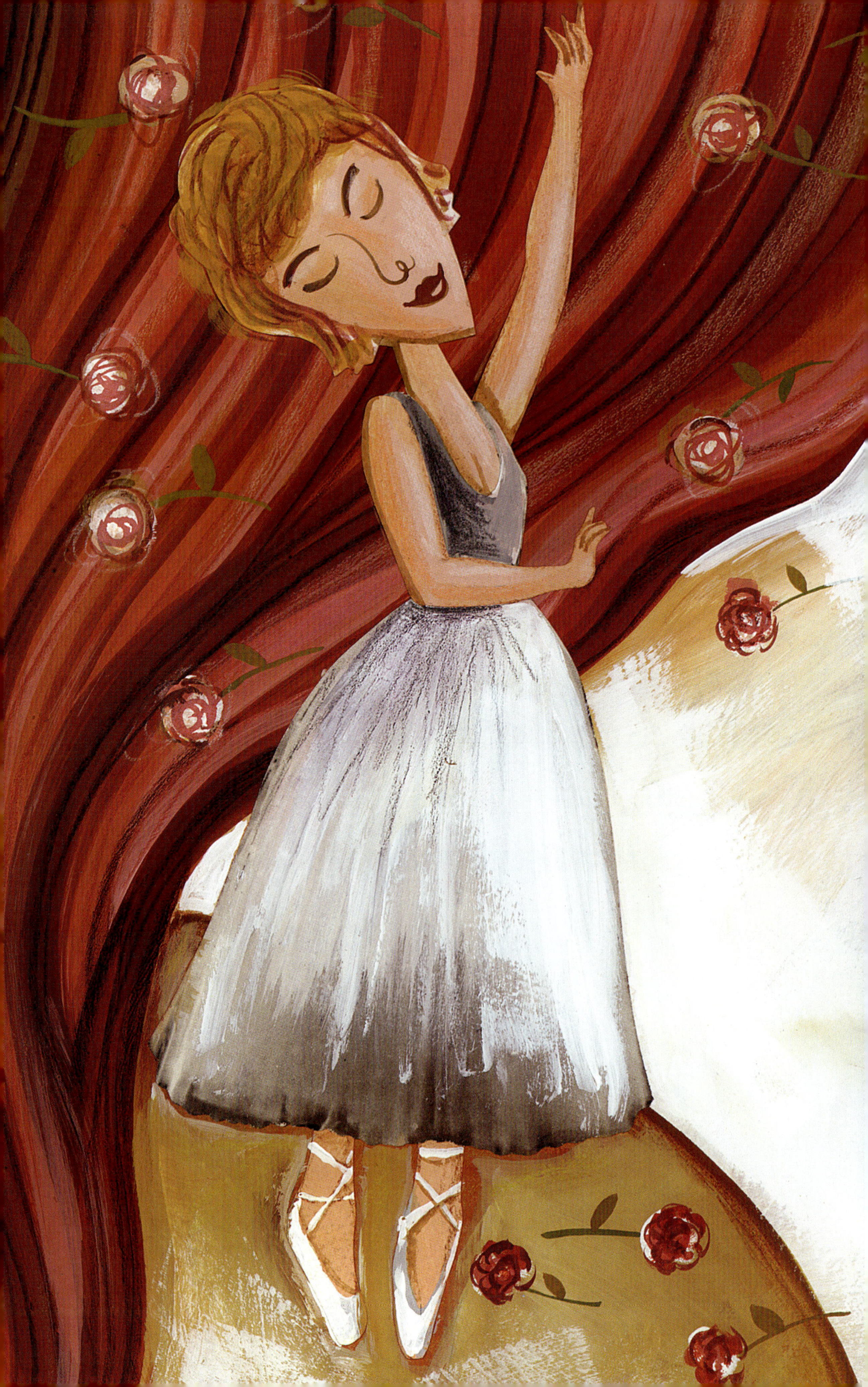

Cena II

Cacilda Becker já havia feito sua matrícula a fim de retornar aos estudos e continuava trabalhando como radioatriz. Voltar ao teatro não estava em seus planos. Porém, Alfredo Mesquita, incomodado com a falta de formação dos atores, decidiu criar algo inovador: A EAD, Escola de Arte Dramática. Ele rapidamente encontrou professores de voz, expressão corporal e francês. Faltava, porém, o de interpretação.
Como fazer?
Décio de Almeida Prado sugeriu para o cargo aquela jovem atriz que tanto o havia impressionado. Alfredo Mesquita marcou uma reunião com ela e, pronto, Cacilda Becker se tornou professora.
Novamente em contato com o teatro, não demorou a atuar. Desta vez, a peça foi HAMLET, de Shakespeare, outro grande sucesso.
Mas ainda não seria aí, que as coisas iriam, de fato, acontecer.
Ciccillo Matarazzo, um dos homens mais ricos de São Paulo, abraçou a ideia de Franco Zampari para construírem um novo teatro e cedeu um terreno no então distante bairro do Morumbi. Porém, ele se revelou inviável, pois sequer havia transporte público ao local.
Zampari permaneceu à procura de um local adequado e, finalmente, localizou um velho sobrado na Rua Major

Diogo que lhe pareceu ideal. Ninguém pensou o mesmo, mas ele estava certo de sua escolha e ordenou o início das reformas. Ainda nessa fase, a EAD foi instalada no segundo andar do sobrado e Cacilda acabou ficando mais próxima do que nunca do palco mais importante de sua vida.

Em 1948, o TBC, Teatro Brasileiro de Comédia, o novo teatro, estava pronto para ser inaugurado e os grupos amadores encontravam-se eufóricos com a possibilidade de atuarem na nova casa. Para a inauguração, já preparavam um espetáculo, porém, faltava uma atriz. Novamente, se lembraram de Cacilda, entretanto, ela fez uma exigência: queria ser contratada, afinal de contas, já era profissional. Aqui, preciso te lembrar de que era muito mal visto uma mulher ser paga para atuar em teatro, mas Cacilda não se importava com isso. Era sua profissão e ela já intuía que deveria valorizar seu trabalho.

Assim, em 11 de outubro de 1948, foi inaugurado o TBC, com muito luxo e pretensões de levar peças de qualidade ao público.

Cacilda estreou, porém, antes disso, aconteceu algo marcante. Uma senhora bastante rica a procurou no camarim e lhe ofereceu uma imensa quantidade de dinheiro para que a deixasse interpretar o papel apenas naquela noite, pois pretendia impressionar o namorado, presente na plateia. Cacilda se negou e até pensou que tivesse sido uma manobra de alguém, arrependido por tê-la contratado como a única profissional do TBC. A mulher foi embora, Cacilda brilhou e o faria ainda por muitos e muitos anos.

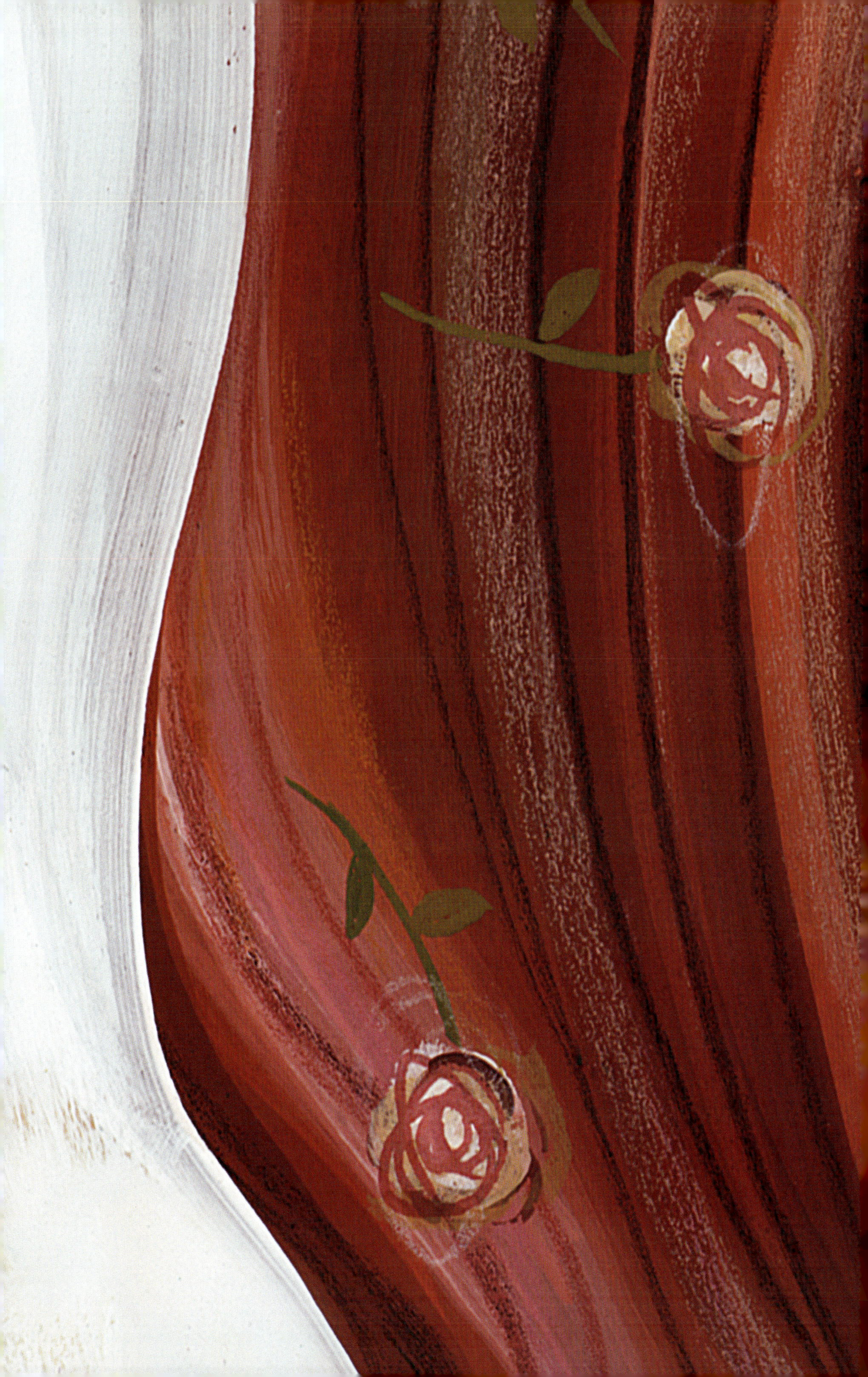

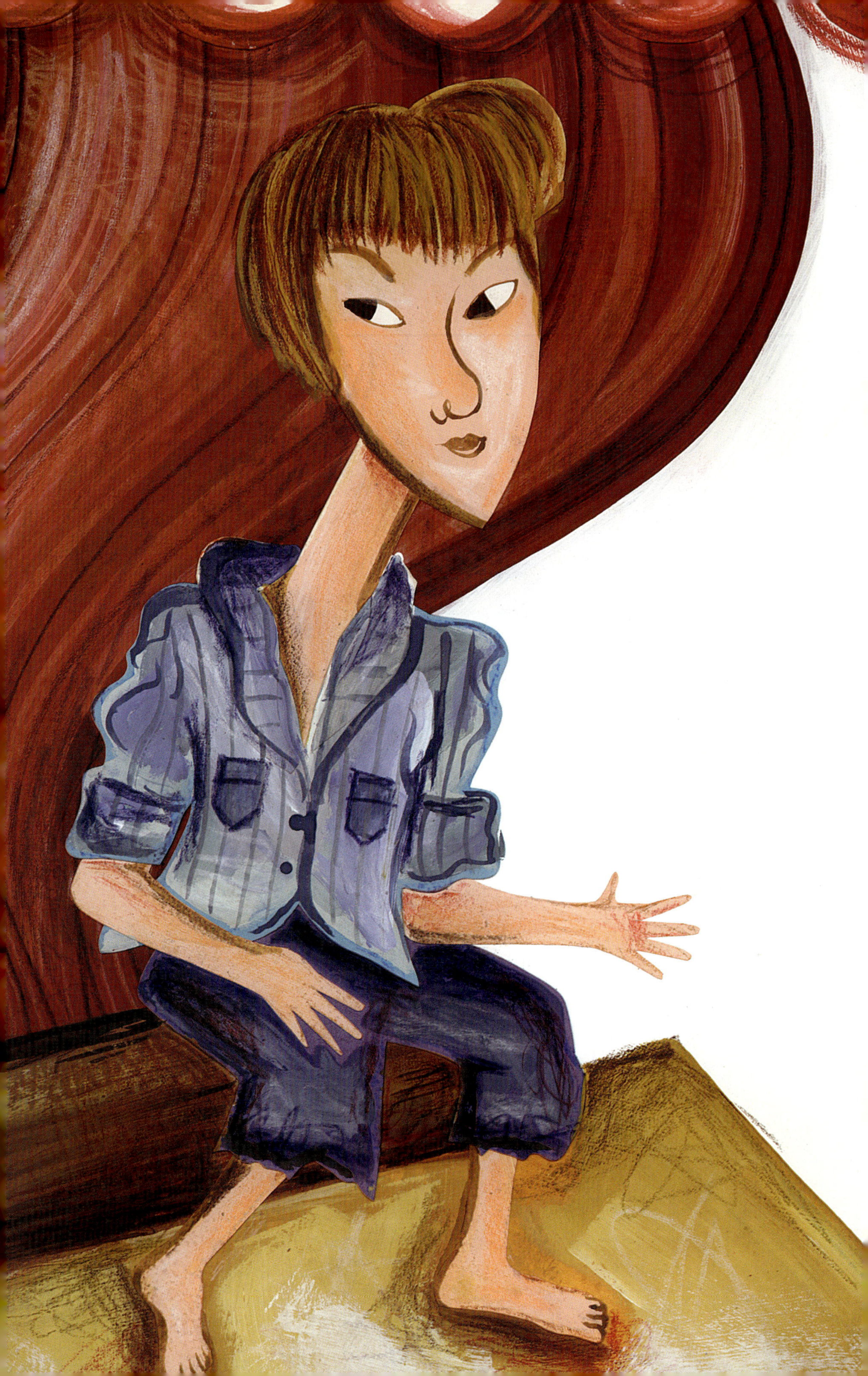

Cena III

Os grupos amadores realmente ficaram bastante contentes com a nova casa. Os espetáculos apresentados pelo TBC ganhavam público e o interesse da crítica.

Zampari, por outro lado, estava inquieto. Ele percebia que o teatro não iria se desenvolver da maneira pretendida se permanecesse amador. Muitos dos atores possuíam outras profissões e, diversas vezes, o palco poderia ser deixado de lado. Por exemplo, se alguém fizesse aniversário, era bem provável que fosse a alguma festa ao invés de atuar.

Assim, ficou claro: o teatro deveria ser profissionalizado. Como não havia profissionais que atendessem às exigências de Zampari ao cargo de direção cênica, ele acabou contratando o diretor italiano Adolfo Celi, que iria revolucionar a forma como o teatro era feito em São Paulo e no Brasil.

Cacilda estava muito contente com os rumos tomados, pois também acreditava na profissionalização como a única opção para o crescimento de todos. Dedicava-se integralmente ao TBC, deixando de lado os trabalhos no rádio e de professora. Ensaiava diariamente uma média de doze a quatorze horas por dia, não importando o horário, inclusive após a apresentação de algum espetáculo.

A peça escolhida para inaugurar a nova fase do TBC foi NICK BAR, do autor americano William Soroyan com a participação de Cacilda e seu marido. A peça fez tanto sucesso que até aconteceu algo curioso. Zampari alugou o prédio vizinho a fim de que fosse construído um restaurante para servir refeições aos técnicos e atores do TBC. Porém, a demanda foi grande e ele acabou se tornando um badalado restaurante procurado por artistas e público em geral. Recebeu o nome de – adivinhe! – Nick Bar.

Os dias eram intensos e algo ainda mais importante ocorreu: Cacilda ficou grávida. Tito Fleury achou melhor que ela parasse de trabalhar, mas nossa atriz atuou até o oitavo mês de gestação. Nasceu o menino Luiz, apelidado de Cuca, enchendo-a de alegria.

Ela, porém, estava muito dividida. Sentia que seu casamento não tinha mais futuro e, poucos meses depois, se separou de Tito Fleury indo viver em uma casa com sua mãe e Cleyde. Sua outra irmã, Dirce, já havia se casado e ido embora.

O TBC continuava produzindo espetáculos de sucesso e, assim, o interesse pelo teatro crescia gerando mais público e renda. Cacilda tornou-se a primeira atriz absoluta. Cada interpretação sua era aguardada ansiosamente.

Ela e Adolfo Celi, o novo diretor, eram extremamente determinados e criaram um espetáculo marcante, ENTRE QUATRO PAREDES, de Sartre, com Nydia Lícia e Sérgio Cardoso no elenco.

Zampari, entusiasta que era, funda em 1949, na cidade de São Bernardo do Campo (SP), a Companhia Cinematográfica Vera Cruz, que realizaria alguns dos filmes mais importantes do Brasil. Também causaria sérias mudanças no TBC.
Outra vez, iniciava-se um novo período na vida de Cacilda Becker.

Cena IV

O TBC prosperava cada vez mais. O público aumentava e sempre esperava que viessem espetáculos caprichados e interessantes.

E os artistas atendiam às expectativas. Tamanha era a união que, entre eles, ocorreram casamentos nas dependências do teatro, inclusive. Os textos encenados eram os melhores do mundo. Não se montavam muitos autores nacionais, pois existiam poucos dramaturgos.

Para Cacilda, o grande momento se aproximava. Ela já havia interpretado em sua vida grandes mulheres, rainhas, garotas sofridas, porém, um dos maiores sucessos de sua vida seria o papel de um... menino, na peça PEGA-FOGO, de Jules Renard. Isso mesmo. O público já pensava ter visto o melhor de Cacilda no palco, mas logo descobririam que o talento dela não encontrava limites. O figurino do menino era bem simples, de pés descal-

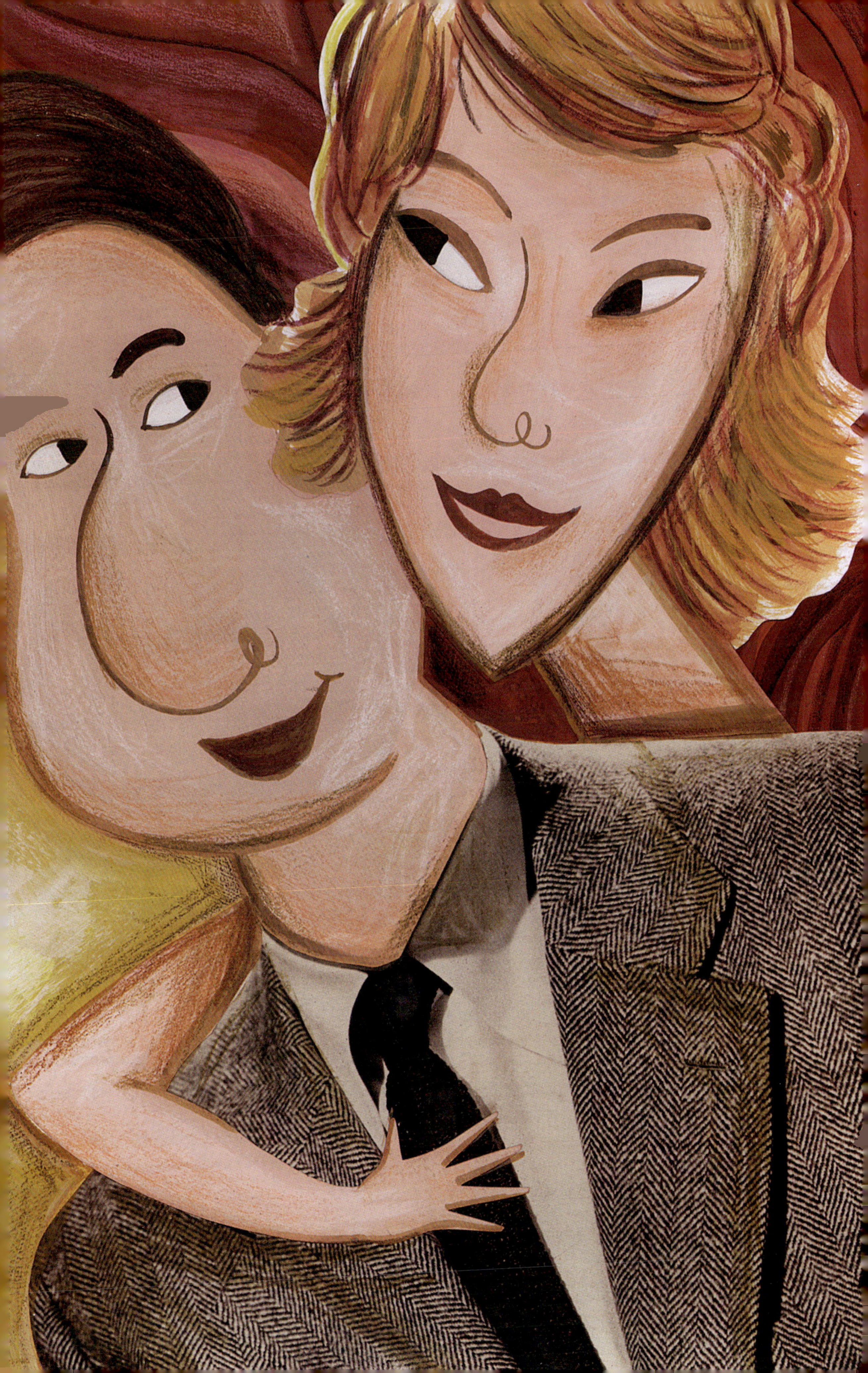

ços usava uma calça puída e tinha o cabelo ruivo e curto. Cacilda acabou usando uma peruca, mas essa não foi a mudança principal. Ela se submetia a um grande sacrifício diário para interpretar o papel. Enfaixava os seios a fim de disfarçá-los e, ao retirar as ataduras, sua pele ficava em carne viva.

Para compor o personagem ela se inspirou em sua infância pobre, nos tempos em que corria pelo mato, na fazenda. E, uma grande surpresa, sua irmã Cleyde Yaconis, que também se tornara atriz, faria parte do elenco. Até o talentoso diretor Ziembinski tinha um papel.

Os críticos não se cansavam de elogiá-la. Ninguém via uma mulher no palco, mas um moleque de verdade, com todos os gestos, voz. Quem não a conhecesse, jamais adivinharia que se tratava de uma atriz. Esse personagem lhe seria fundamental e ela o iria interpretar durante toda sua vida.

Algum tempo depois, Cacilda atuaria no palco do Teatro Municipal de São Paulo em uma peça onde, ao contrário de PEGA-FOGO, faria uma mulher elegante, trajando longos vestidos e chapéus: A DAMA DAS CAMÉLIAS. Tamanho era o peso das roupas que ela acabou tendo uma infecção, sendo hospitalizada, inclusive.

Ela não media esforços a fim de entregar ao público o melhor da sua interpretação.

E então, o cinema novamente cruzou seu caminho. Foi convidada para ser a protagonista do filme FLORADAS NA SERRA, seu grande momento nas telas. Até hoje é considerado um dos melhores filmes produzidos pela Vera Cruz e uma grande oportunidade para ser ver Cacilda Becker atuando. Ela faz o papel de uma jovem mulher, bastante doente, tuberculosa, que precisa ir à cidade de Campos do Jordão (SP) buscar tratamento. Lá, se apaixona e acaba vivendo intensamente entre a vida e a morte.

Também foi um trabalho bastante difícil e ele quase não foi concluído, pois, em cinema, gastava-se muito mais dinheiro do que em teatro. A Vera Cruz logo iria à falência.

Porém, algo novo acabara de surgir no país e também seria um importante campo de trabalho: a televisão.

No início, não havia como gravar as imagens, tudo era feito e transmitido ao vivo. Até mesmo eu, o Ponto, voltei a ter alguma função, pois nem todos os artistas conseguiam decorar o texto. A TV não tinha cores, era tudo preto e branco. Se o ator errasse, tinha que dar um jeito de continuar, pois era impossível recomeçar.

Cacilda foi contratada para fazer teleteatro, quando se apresentavam peças na TV. Ela logo se transformou em um dos maiores nomes daquele novo veículo, mas o teatro continuava a ser o trabalho de sua vida, sua verdadeira paixão.

Inevitavelmente, intensas transformações ocorriam. Muitos atores deixaram o TBC com o objetivo de criarem suas próprias companhias. Já havia público para que outros grupos profissionais pudessem se formar e produzir as próprias ideias. Surgiu o Teatro de Arena, preocupado em produzir peças que mostrassem a realidade do povo brasileiro e revelasse autores nacionais. Cacilda acompanhava tudo com atenção, mas ainda estava focada no teatro que ajudou a construir e tornar famoso, o querido TBC. Preparava-se para outro grande papel em sua carreira, a rainha Maria Stuart, de Schiller, quando um jovem ator do elenco, Walmor Chagas, acabaria se transformando em um colega de palco e da vida.

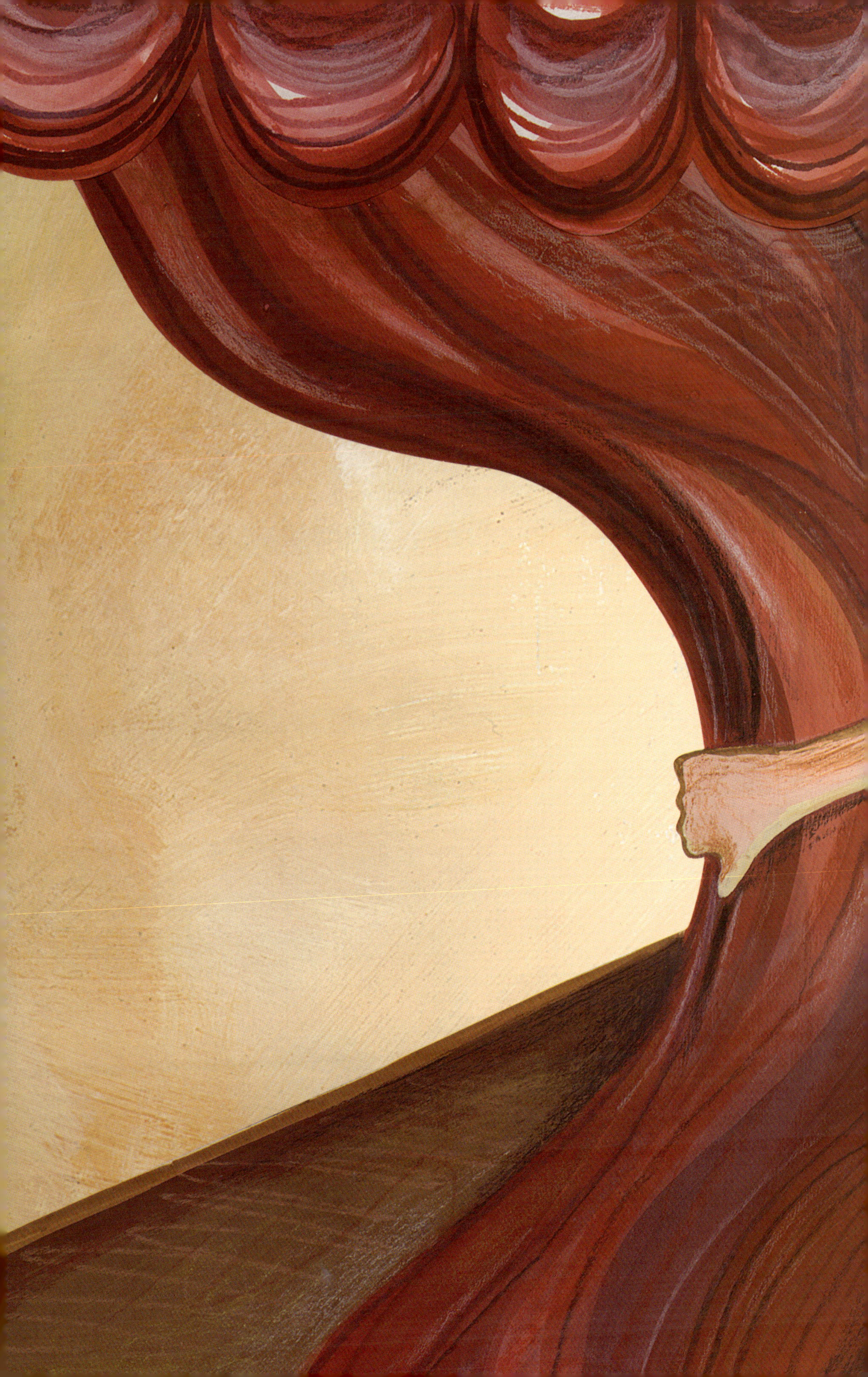

Cena V

Cacilda continuava amando o palco, entretanto, com o passar do tempo, não se sentia mais tão à vontade no TBC. Desejava possuir maior comando, decidir as peças nas quais atuaria. Começou a achar que não havia mais espaço para crescimento e acabou seguindo o destino de vários de seus colegas.

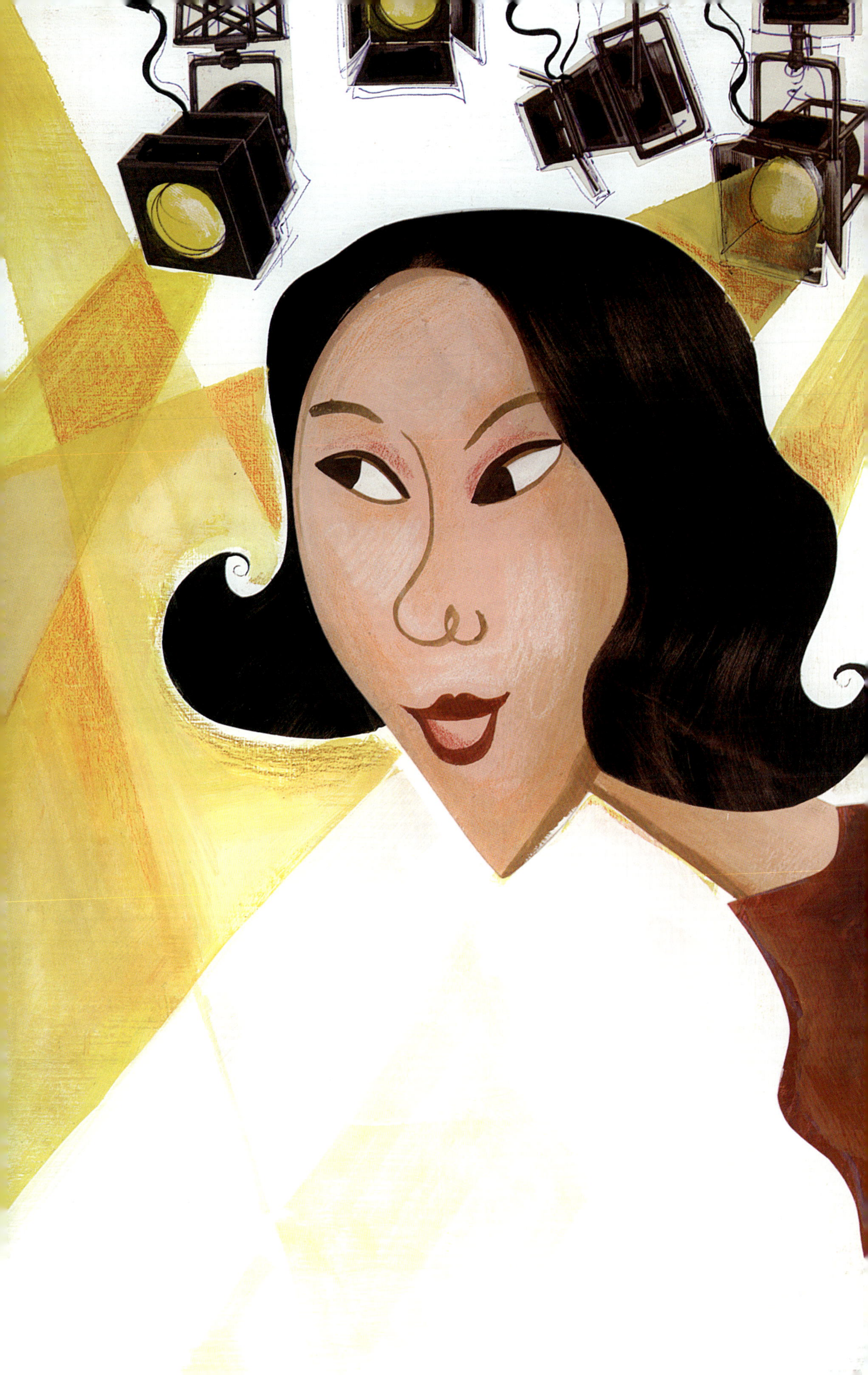

Em dezembro de 1957, deixa o TBC e cria sua própria Companhia Teatral, o TCB, Teatro Cacilda Becker, uma simples troca de posição de letras, mas que representava um grande passo para ela e sua carreira.

Com ela, seguiram sua irmã Cleyde Yaconis, o diretor Ziembinski, o fotógrafo e ator Fredi Kleemann, Kleber Macedo e, claro, Walmor Chagas.

Cacilda e Walmor formavam um dos mais belos e talentosos casais da cena teatral brasileira. Ele cuidava de toda a parte burocrática e também, ao lado de nossa atriz, da escolha dos espetáculos.

O TCB estreou com a peça O SANTO E A PORCA, de Ariano Suassuna. Escolher uma peça brasileira foi importante, pois, naquele momento, muitos grupos procuravam levar a realidade do povo brasileiro para o palco. Tornou-se um sucesso e, aos poucos, remontaram antigas peças, entre elas, a fundamental PEGA-FOGO, garantia de bilheteria. Com ela, inclusive, o TCB viajou a Paris, onde Cacilda foi extremamente elogiada por sua atuação.

E, outro acontecimento: Cacilda decidiu adotar uma garota, Maria Clara, e agora sua família estava completa: ela, Walmor, os dois filhos e até um cachorro.

Porém, os tempos não eram somente de alegria. Acabara-se de se instalar no país a ditadura militar que perseguiu de forma implacável diversos artistas. O grupo Oficina, conduzido pelo ousado diretor Zé Celso Martinez Correa, sofreu um dos maiores golpes. O teatro no qual se apresentava em São Paulo com a peça RODA VIVA, de Chico Buarque, foi invadido e os atores, espancados.

Ninguém se sentia seguro e qualquer um poderia ir preso a qualquer instante.

Cacilda continuava a trabalhar na TV, que se tornou sua principal fonte de renda, e estreou na antiga TV Tupi sua primeira novela, CIÚME, de Talma de Oliveira.

Em seu apartamento, Cacilda e Walmor criaram um pequeno teatro de forma a driblar a censura. Ali, conseguiam dar voz a novos autores e textos que não poderiam ser encenados. Entre eles, estava o autor Plínio Marcos, que viria a se tornar um dos mais importantes de sua geração com a peça DOIS PERDIDOS NUMA NOITE SUJA, por exemplo.

Assim, logo ela percebeu que sua atuação não poderia se limitar somente ao palco em um momento no qual a censura e as perseguições políticas estavam interferindo em sua arte. Aceitou o convite para ser presidente do CET – Comissão Estadual de Teatro –, responsável pelas verbas e entendimentos entre os diversos grupos teatrais. Deixou de atuar em peças a fim de dedicar-se exclusivamente a essa difícil tarefa, que seria espinhosa e lhe custaria bastante caro.

Participou de passeatas em defesa da liberdade, protegeu artistas, negociou pessoalmente a libertação de alguns que estiveram presos e devolveu um prêmio importante como forma de protesto.

Em consequência de suas atividades políticas, acabou sendo despedida da televisão e, depois de um longo período afastada dos palcos, retornaria e, finalmente, se transformaria no mito Cacilda Becker.

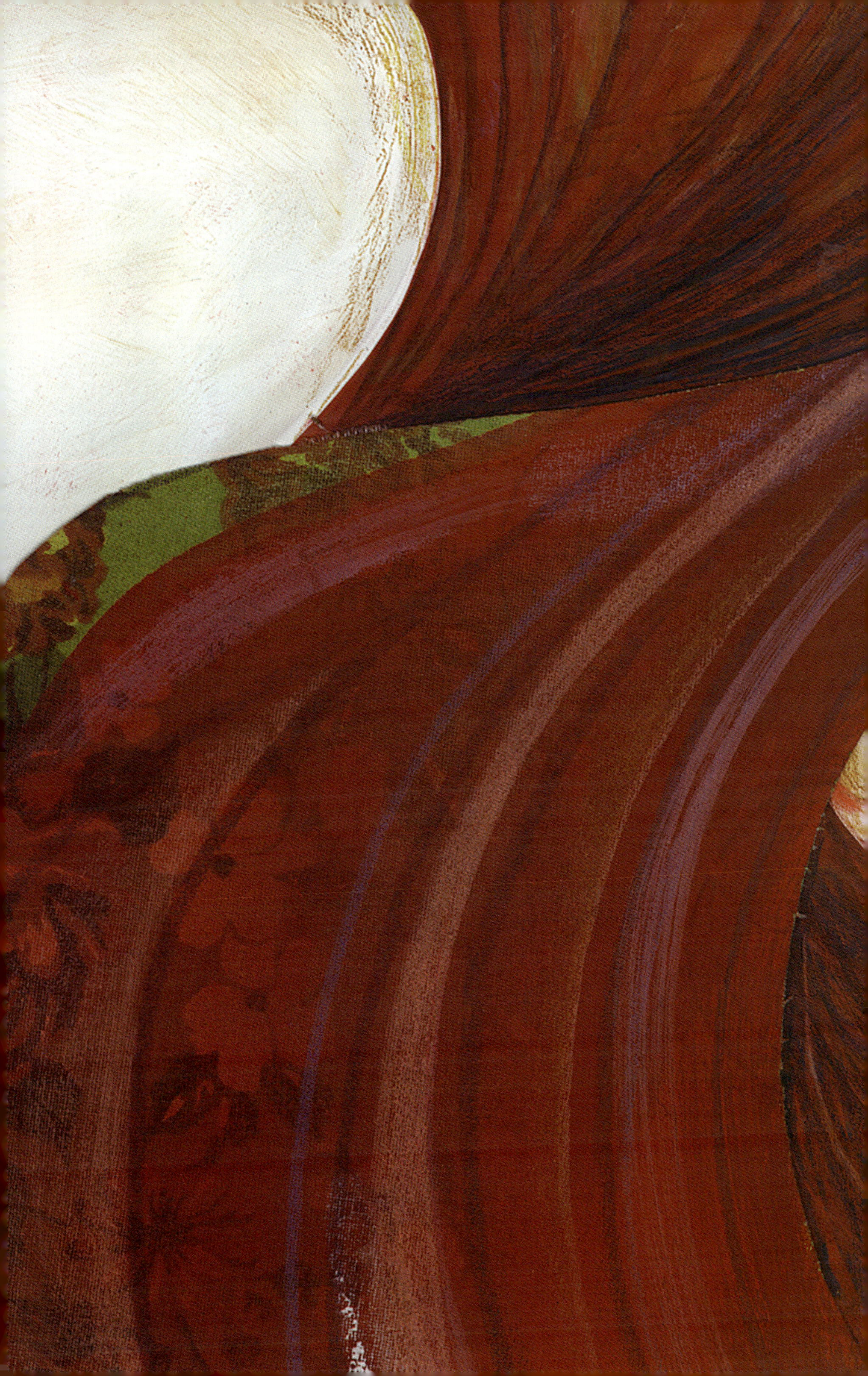

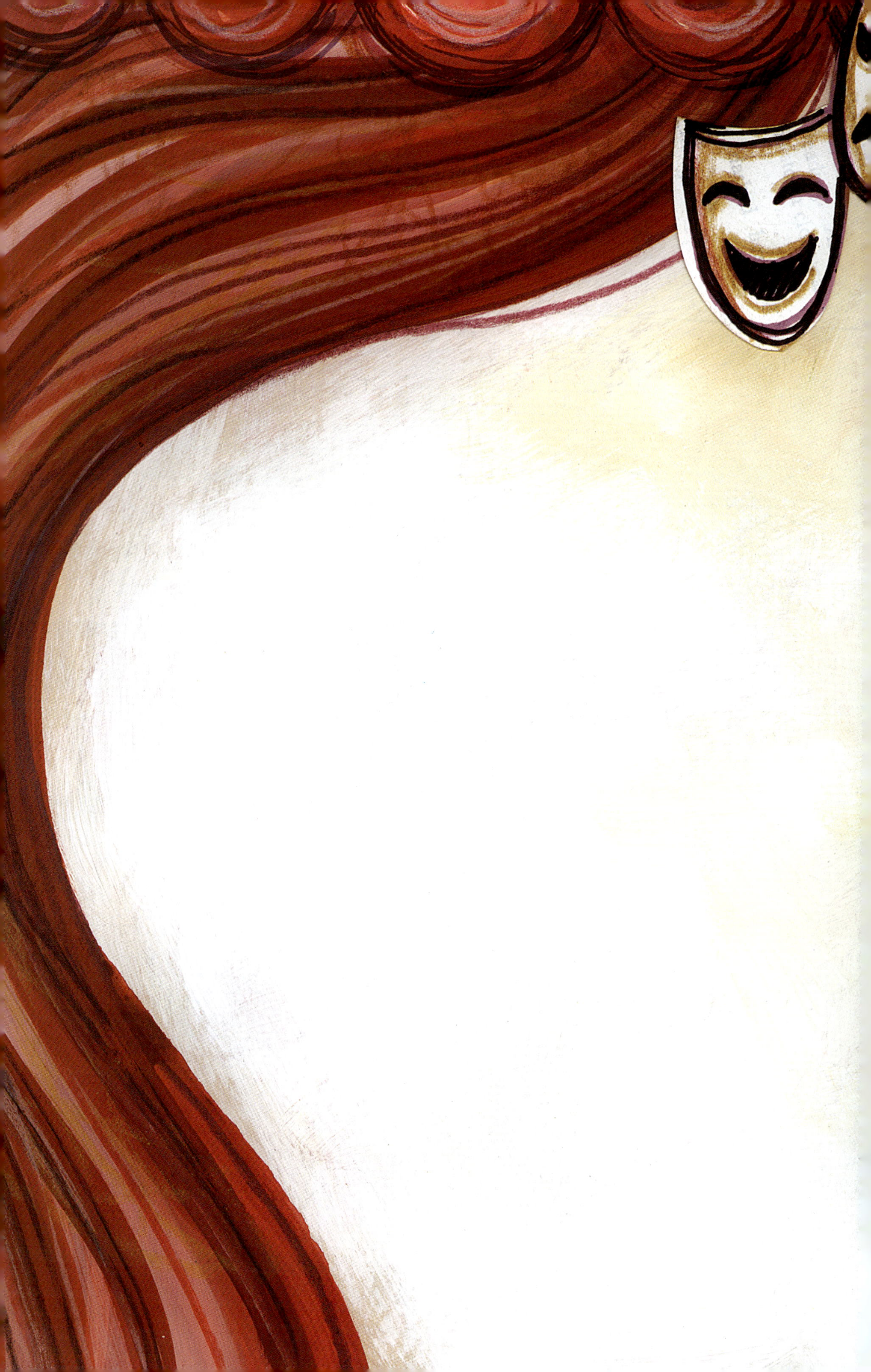

Fim do Terceiro Ato

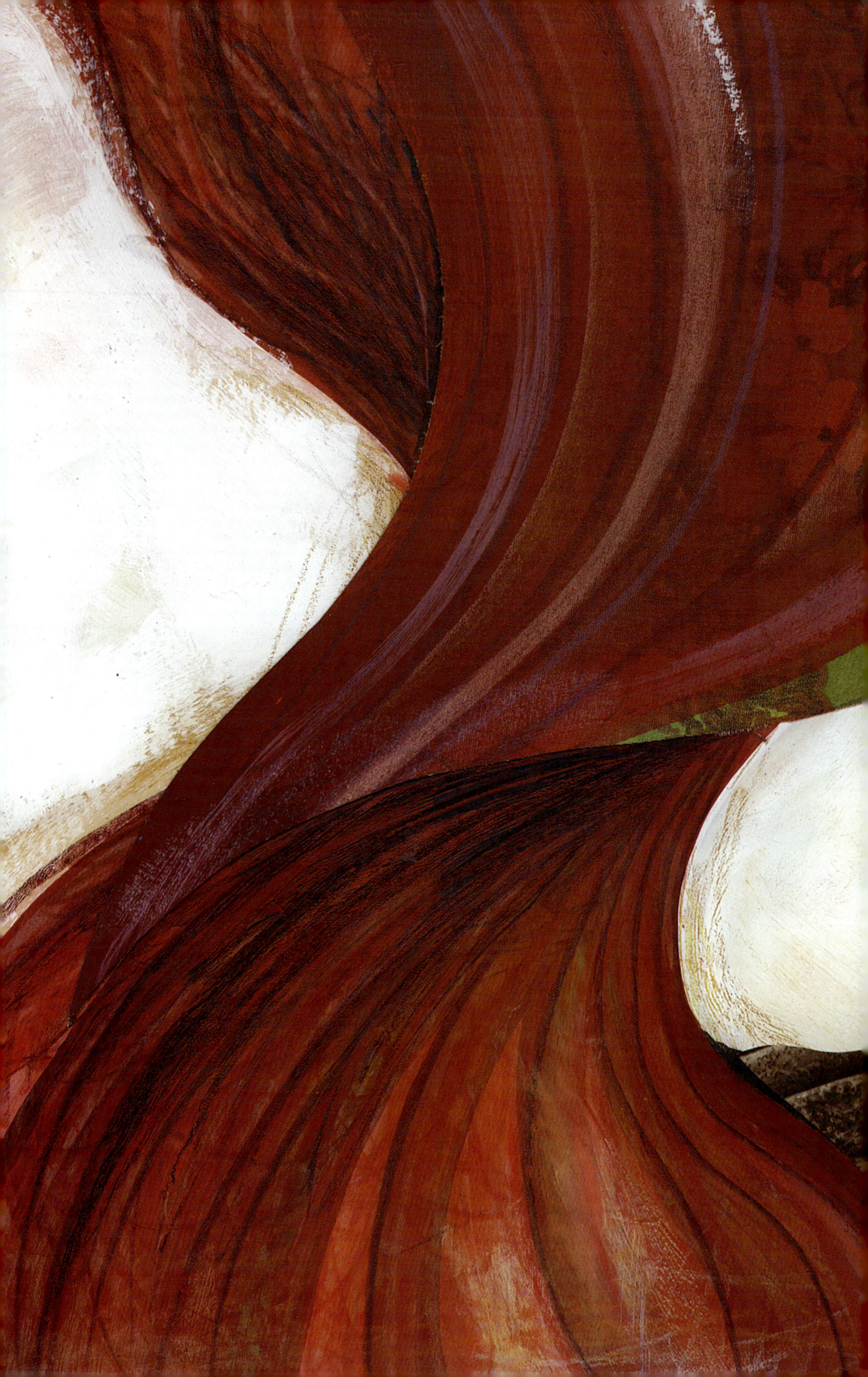

Cai o pano

Cacilda estava distante dos palcos havia um ano e sentia muita saudade, desejava retornar ao trabalho que mais amava. Deixou o CET e retomou sua carreira de atriz.

Precisava de um texto que lhe parecesse importante, um desafio. E ele não demorou a surgir. Era perfeito, estariam ela e Walmor no palco e seriam dirigidos por um importante diretor da época, Flávio Rangel.

A peça foi ESPERANDO GODOT, de Samuel Beckett, que contava a história de dois personagens que ficavam aguardando por alguém que nunca parecia chegar. Novamente, assim como em PEGA-FOGO, ela iria fazer um papel que era, em princípio masculino, mas muito mais do que se preocupar com a caracterização ela se dedicou ao lado humano, independentemente do sexo.

Seu filho Cuca atuava em um pequeno papel na peça.

E foi um sucesso, a crítica elogiou as atuações, a direção, tudo. Cacilda estava no seu auge, pessoal e profissional. Então, durante uma apresentação para estudantes, ninguém poderia imaginar que aquela seria a última vez que nossa grande atriz pisaria num palco.

Ao final do primeiro ato, o pano caiu e Cacilda Becker sentiu-se mal, uma forte dor de cabeça a atacou e ela desmaiou. Imediatamente chamaram a ambulância e a levaram ao hospital ainda com o figurino do personagem.

Pelo hospital passaram seus parentes e vários atores, todos esperando que ela se recuperasse. Porém, após 39 dias, não resistiu e faleceu em 13 de julho de 1969.

Cacilda se foi, mas deixou sua marca no teatro como nenhuma outra atriz até o dia de hoje. Várias salas de espetáculo receberam o seu nome, peças foram montadas contando sua vida e diversos livros foram escritos, inclusive este.

Um mito, uma luz que nunca se apagará, pois o nome Cacilda Becker e Teatro estarão juntos, eternamente pelos palcos.

MANUEL FILHO

Quando eu era criança, tinha um sonho: queria pisar no palco do Teatro Cacilda Becker. Aqui onde eu nasci, São Bernardo do Campo (SP), ele era o teatro mais bonito da cidade. Alguns anos depois, isso acabou acontecendo e eu fiquei muito contente. Além de escritor, também sou cantor e ator. Estudei com muitas pessoas que, de fato, trabalharam e atuaram com a própria Cacilda Becker, meu vizinho, inclusive. Eu sempre fazia perguntas para saber como era o Teatro daqueles tempos. Tive e tenho muitas alegrias pelos palcos. Uma delas foi quando uma peça que eu escrevi foi encenada no palco do famoso TBC. Também já atuei no Teatro Municipal de São Paulo e em vários outros. Tenho uma peça publicada pela PAULUS: *O Príncipe Sapo*, que é bastante divertida e já foi apresentada em diversas escolas. Recebi, em 2008, um prêmio de literatura muito legal, o Jabuti. Para saber um pouquinho mais sobre mim,
visite meu site: www.manuelfilho.com.br

BILL BORGES

Sou o Bill, Bill Borges, um menino ilustrador e um artesão de histórias. Moro em São Paulo, capital. Neste ano, completarei 10 anos que desenho nas páginas dos livros; já produzi mais de 50 títulos de diversos autores, até Monteiro Lobato, ilustrei. Atualmente, ando visitando escolas e publicando livros que eu escrevo e ilustro.

Além dos livros, sou encantado por cores, folhas de árvores e por viagens; em minha última viagem, fui a Nova Iorque, EUA; lá fui a muitos museus, conheci a Estátua da Liberdade e comprei muitos livros em inglês. Assim que voltei de viagem, a Paulus me convidou para ilustrar um texto do Manuel Filho; fiquei feliz, mas quando abri o presente, a surpresa: com toda sensibilidade, respeito e carinho contava a história de uma das personalidades mais importantes do teatro brasileiro: Cacilda Becker!

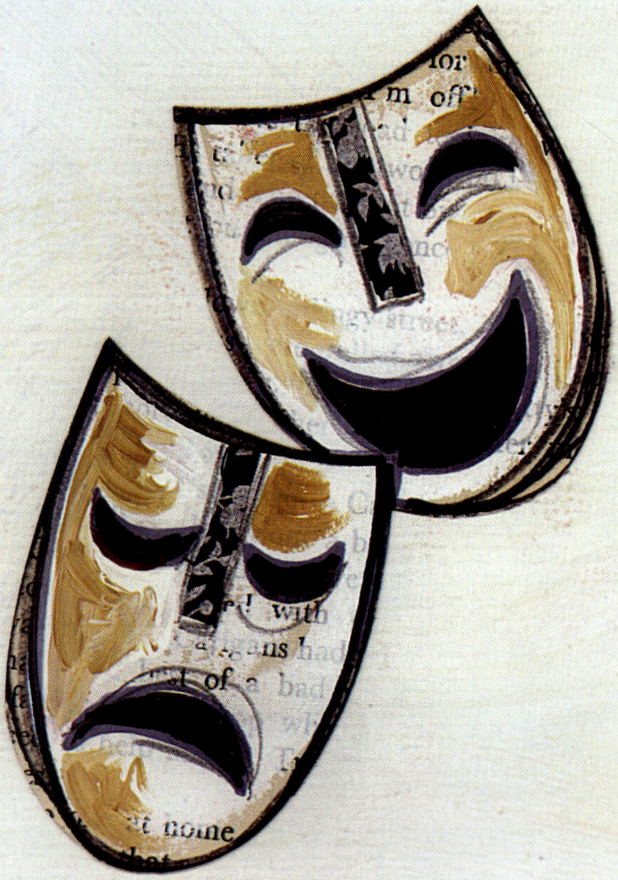